# BEI GRIN MACHT SICH IHR WISSEN BEZAHLT

- Wir veröffentlichen Ihre Hausarbeit,
  Bachelor- und Masterarbeit

- Ihr eigenes eBook und Buch -
  weltweit in allen wichtigen Shops

- Verdienen Sie an jedem Verkauf

## Jetzt bei www.GRIN.com hochladen und kostenlos publizieren

**Bibliografische Information der Deutschen Nationalbibliothek:**

Die Deutsche Bibliothek verzeichnet diese Publikation in der Deutschen National-bibliografie; detaillierte bibliografische Daten sind im Internet über http://dnb.d-nb.de/ abrufbar.

**Impressum:**

Copyright © 2020 GRIN Verlag
Druck und Bindung: Books on Demand GmbH, Norderstedt Germany
ISBN: 9783346209597

Torben Voskuhl

# Interaktionsmöglichkeiten im Internet in Zeiten der Digitalisierung

GRIN Verlag

**GRIN - Your knowledge has value**

Der GRIN Verlag publiziert seit 1998 wissenschaftliche Arbeiten von Studenten, Hochschullehrern und anderen Akademikern als eBook und gedrucktes Buch. Die Verlagswebsite www.grin.com ist die ideale Plattform zur Veröffentlichung von Hausarbeiten, Abschlussarbeiten, wissenschaftlichen Aufsätzen, Dissertationen und Fachbüchern.

**Besuchen Sie uns im Internet:**

http://www.grin.com/

http://www.facebook.com/grincom

http://www.twitter.com/grin_com

# Interaktionsmöglichkeiten im Internet in Zeiten der Digitalisierung

# Inhaltsverzeichnis

# Abbildungsverzeichnis

# Tabellenverzeichnis

# 1. Einführung

Weltweit nutzen geschätzt 3,9 Milliarden Menschen das Internet. Dies macht ca. 51% der Weltbevölkerung aus. Seit 2002 ist der prozentuale Anteil an Internetnutzer von 11% kontinuierlich angestiegen[1]. Die folgende Abbildung zeigt die Entwicklung der Internetnutzung in Deutschland – im Jahr 2018 sind bereits 92% der deutschen Bevölkerung „online". Diese gewaltigen Zahlen sowie der immer mehr an Bedeutung gewinnende Online-Handel sind Grund genug, sich mit den verschiedenen Interaktionsmöglichkeiten im Internet auseinander zu setzen.

---

[1] Vgl.: https://www.bitkom.org/Presse/Presseinformation/50-Jahre-Internet-Von-4-auf-4-Milliarden-Nutzer

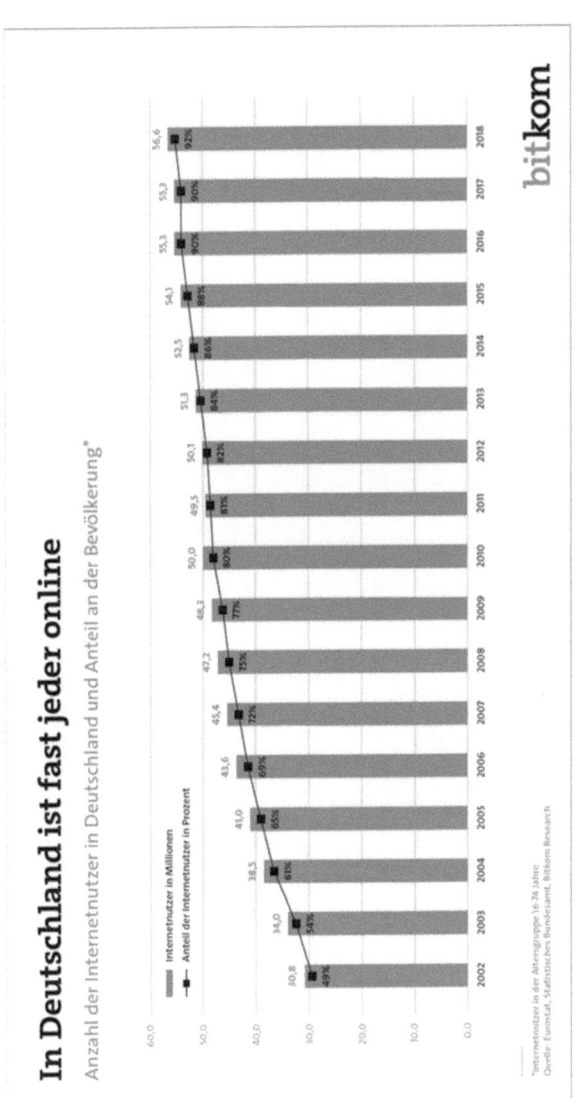

*Abbildung 1: Internetnutzung in Deutschland[2]*

---

[2] Vgl. Abb.: https://www.bitkom.org/Presse/Presseinformation/50-Jahre-Internet-Von-4-auf-4-Milliarden-Nutzer#item-5112--2

Mit der Zunahme der Internetnutzung entstehen ganz neue Anforderungen und Möglichkeiten für Händler als auch Anwender. Neben der Zunahme der Nutzer ist ebenfalls die Statistik der täglichen Internetnutzung wichtig zu betrachten. Es ist zu erkennen, wie sich nach einem zunächst recht langsamen und konstanten Wachstum von 2000 bis 2015 sich die Dauer der Internetnutzung von 2015 bis 2018 fast verdoppelt hat.

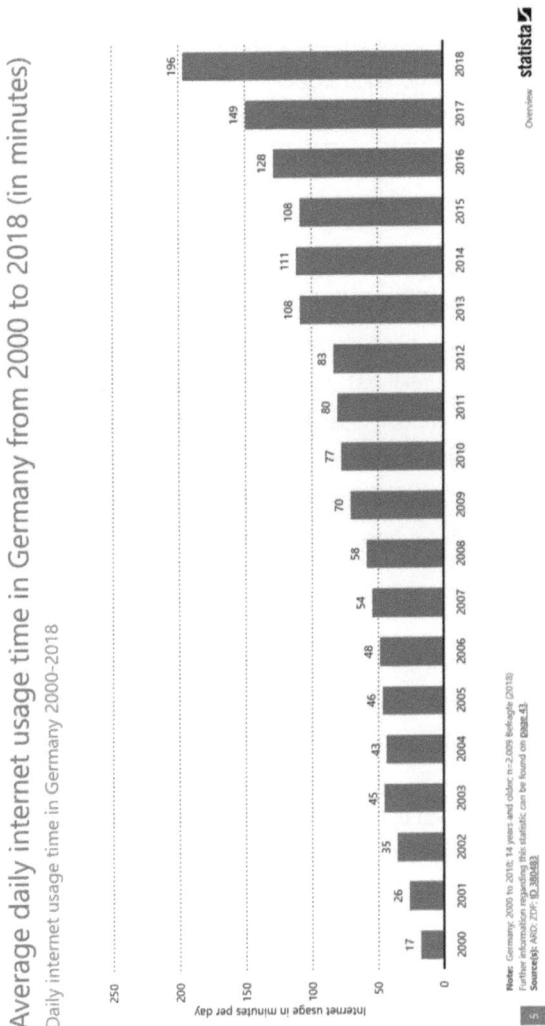

Average daily internet usage time in Germany from 2000 to 2018 (in minutes)

Daily internet usage time in Germany 2000-2018

Abbildung 2: Entwicklung der täglichen Internetnutzung in Deutschland[3]

[3] Vgl.: https://www-statista-com.gw.akad-d.de/study/29084/internet-usage-in-germany-statista-dossier/ S. 10

Auf der einen Seite steigern sich die Internetauftritte, welche ohne direkte Interaktionsmöglichkeit bleiben, auf der anderen Seite jedoch auch die Bereiche, in denen eine Interkation möglich ist. Gerade auch in Zeiten wie der aktuellen Corona-Pandemie sind die Interaktionsmöglichkeiten im Internet nicht zu unterschätzen. Zum Beispiel können Kontakte online ohne Weiteres fortgeführt werden, ohne dass die Gefahr besteht, sich dabei anzustecken.

## 1.1. Ziel der Arbeit

Ziel dieser Arbeit ist es, verschiedene Interaktionsmöglichkeiten des Internets zu vergleichen und gegenüberzustellen. Ein besonderes Augenmerk wird hierbei auf die Kriterien Sicherheit, Flexibilität und Effektivität gelegt. Nach einem ausführlichen Vergleich der Interaktionsmöglichkeiten werden diese kurz und knapp gegenübergestellt. Zur Erreichung dieses Zieles werden zunächst wichtige Grundlagen und Begriffe geklärt. Da die aktuelle Zeit der Digitalisierung durch schnelle Veränderungen geprägt ist, wird zum Abschluss neben einem Fazit noch ein Ausblick gegeben.

## 2. Grundlagen

Wie eingangs erwähnt, unterscheidet man bei der Internetnutzung zwischen der Nutzung mit Interaktionsmöglichkeiten und der Nutzung ohne Interaktionsmöglichkeiten. Webseiten ohne Interaktionsmöglichkeiten nennt man auch statische Seiten, Webseiten mit Interaktionsmöglichkeiten werden als dynamische Webseiten bezeichnet. Der Hauptunterschied zwischen statischen und dynamischen Webseiten besteht darin, dass bei statischen Webseiten die Inhalte statisch sind, was bedeutet, dass sich diese nicht verändern. Bei der Erstellung liegt die inhaltlich ansprechende Vermittlung der Information im Vordergrund. Bei den dynamischen Webseiten hingegen kann durch Interaktion der Inhalt der Seite dynamisch beeinflusst werden. Hier steht neben der ansprechenden Darstellung auch die Bedienungsfreundlichkeit im Vordergrund. Dynamische Inhalte werden häufig durch Formulare, z.B. bei einer Online-Pizzabestellung abgebildet.

In der Einführung wurde bereits erwähnt, dass die Interaktionsmöglichkeiten auf die Aspekte der Sicherheit, der Effektivität und der Flexibilität untersucht werden. Die Begriffe werden häufig verwendet, doch was verbirgt sich dahinter und was wird genau in dieser

Arbeit untersucht? Eine Definition aus dem Duden für Sicherheit lautet „Zustand des Sicherseins, Geschütztseins vor Gefahr oder Schaden; höchstmögliches Freisein von Gefährdungen"[4]. In der Arbeit steht bei der Sicherheit insbesondere der Schutz der persönlichen Daten, der Schutz des Nutzers und die Sicherheit vor Manipulationen im Vordergrund. Das Wort Effektivität beschreibt der Duden als „Wirksamkeit; effektive Wirkung, Leistung"[5]. Untersucht werden dabei zum Beispiel die Benutzerfreundlichkeit und die Zielerreichung der Interaktion. Inwieweit sich die Interaktionsmöglichkeiten auf den Nutzer anpassen lassen wird im Bereich der Flexibilität untersucht.

## 2.1. Interaktion

Bisher wurde einiges über Interaktion im Internet geschrieben – doch was verbirgt sich überhaupt genau hinter dem Begriff der Interaktion? Aus dem Duden geht folgende Definition für Interaktion hervor: „Aufeinander bezogenes Handeln zweier oder mehrerer Personen; Wechselbeziehung zwischen Handlungspartnern"[6]. Der Begriff der Kommunikation wird oft synonym verwendet, man findet in der Literatur zum Beispiel auch die sprachliche Kommunikation als wichtigste Form für menschliche Interaktion[7].

## 2.2. Interaktion im Internet

Nachdem die Definition der Interaktion von zwei oder mehreren Personen spricht ist nun die Frage, wie dies auf das Internet übertragbar ist. Vor dem Computer oder Smartphone sitzt man oft alleine und nicht mit anderen Personen. Über das Internet ist man jedoch teilweise sogar weltweit miteinander vernetzt. Das bedeutet eine Kommunikation oder Interaktion kann mit mehreren Personen durch den Computer „hindurch" erfolgen. Hierfür gibt es mehrere mögliche Fälle. Möglichkeiten sind hier zum Beispiel Onlineblogs, Bestellformulare bei Lieferdiensten, Suchmaschinen, Chats oder eine recht neu aufgetretene Form der Interaktion mit einem Chatbot. Während bei Bestellformularen oder Onlineblogs die Interaktionen mit realen Menschen „hinter" der Webseite stattfindet,

---

[4] Vgl.: https://www.duden.de/rechtschreibung/Sicherheit

[5] Vgl.: https://www.duden.de/rechtschreibung/Effektivitaet

[6] Vgl.: https://www.duden.de/rechtschreibung/Interaktion

[7] Vgl.: https://www.duden.de/rechtschreibung/Interaktion

erfolgt die Interaktion bei einem Chatbot mit einer programmierten Anwendung – einer Art Roboter.

## 3. Interaktionsmöglichkeiten

Mehrere Interaktionsmöglichkeiten wurden bereits bei den Grundlagen angesprochen. Mittlerweile gibt es nahezu endlose Interaktionsmöglichkeiten im Internet, daher ist es nicht möglich, auf jede Einzelne einzugehen. Viele Interaktionsmöglichkeiten sind jedoch recht ähnlich zu einander, zum Beispiel im Bereich der Social Media. Um den Rahmen dieser Arbeit nicht zu sprengen, wird der Fokus auf Interaktionsmöglichkeiten in Deutschland gelegt. Folgende Statistik zeigt die Entwicklung der meistgenutzten Interaktionsmöglichkeiten von 2012 im Vergleich zu 2016 in Deutschland.

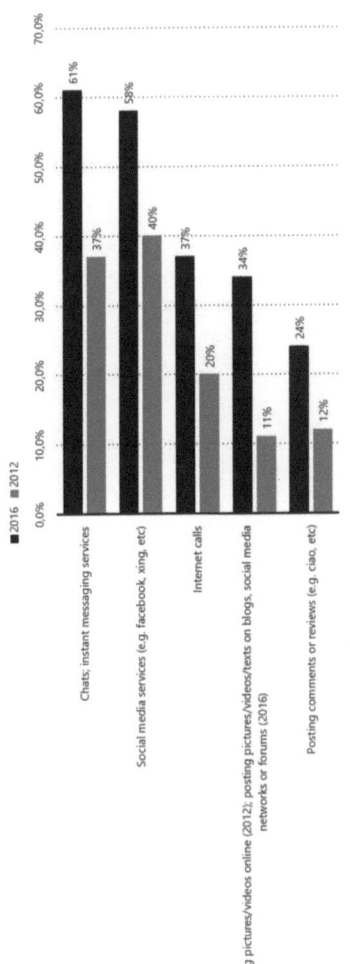

Abbildung 3: Meistgenutzte Internetaktivitäten in Deutschland[8]

---

[8] Vgl.: https://www-statista-com.gw.akad-d.de/study/29084/internet-usage-in-germany-statista-dossier/ S. 38

Im Folgenden werden auf die wichtigsten Aktivitäten eingegangen als auch neue Entwicklungen mit aufgenommen.

## 3.1. Chats

Im Internet findet sich eine Vielzahl von Chatfunktionen. Immer wichtiger geworden ist bei Chats die Möglichkeit zum Herunterladen einer App, um somit unkompliziert über das Handy miteinander in Kontakt zu treten – mit dem wesentlichen Vorteil, nicht wie bei einer SMS für jede Nachricht zahlen zu müssen. Durch Internetflatrates oder das WLAN zu Hause ist die Nutzung sehr weit verbreitet und nicht mehr nur auf den Computer beschränkt.

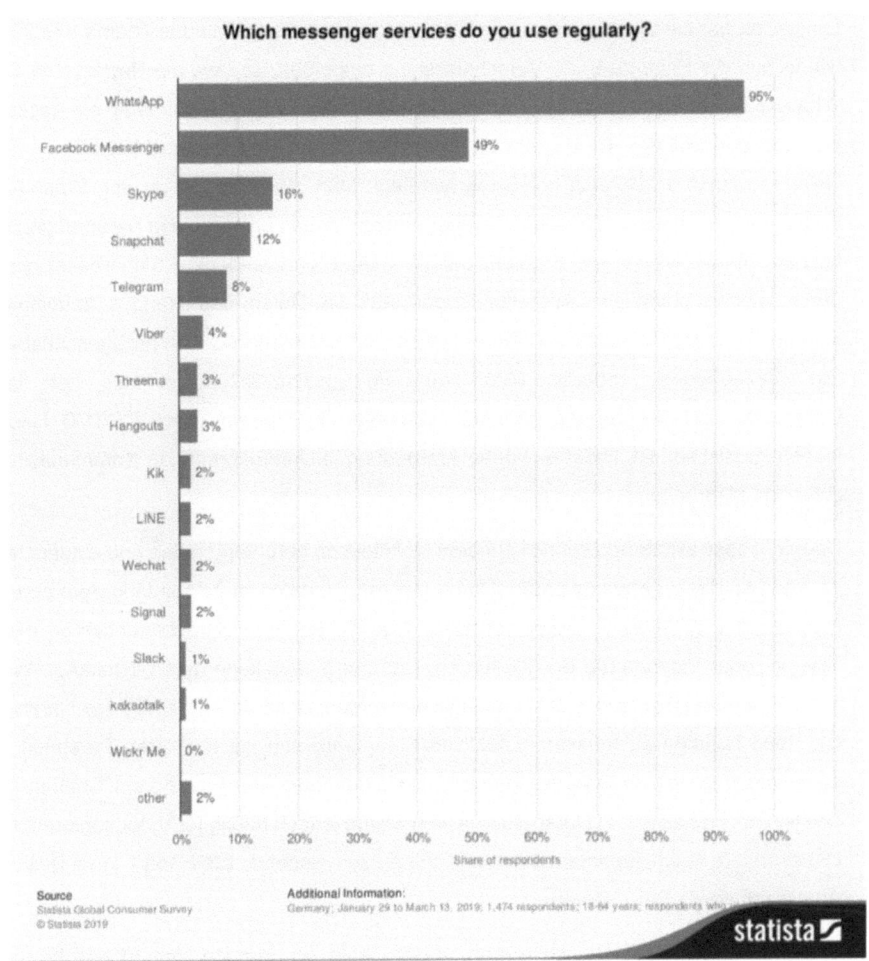

*Abbildung 4: Chatnutzung in Deutschland 2019[9]*

Die Statistik aus dem Jahr 2019, welche Chatapplikationen regelmäßig genutzt werden spiegelt ein eindeutiges Ergebnis wider. Aufgrund dieses Ergebnisses bezieht sich die Untersuchung hauptsächlich auf WhatsApp. Da Skype und Threema jedoch häufig auch im betrieblichen Umfeld mehr und mehr an Einzug gewinnt, werden diese auch thematisiert.

---

[9] Vgl.: https://www-statista-com.gw.akad-d.de/forecasts/998694/messenger-usage-by-brand-in-germany

Lange Zeit war die Verschlüsselung bei WhatsApp ein heiß diskutiertes Thema, seit 2014 wurde nun die Ende-zu-Ende Verschlüsselung eingeführt, sodass die Nachrichten von WhatsApp nicht mehr mitgelesen werden können[10]. Wird jedoch regelmäßig ein Backup, zum Beispiel auf der iCloud, erstellt, liegen die Daten dort unverschlüsselt vor. Ein weiteres Manko im Bereich der Sicherheit liegt darin, dass die Server von WhatsApp Zugriff auf das gesamte Telefonbuch eines Nutzers haben und so diese Daten abgreifen können. Immer wieder ein Problem bei WhatsApp sind entdeckte Sicherheitslücken, durch welche potentielle Angreifer Zugriff auf die Daten des Handys bekommen können[11]. Bei dem Messeneger Threema wird die Sicherheit hingegen großgeschrieben. Die Verwendung anderer Messenger im geschäftlichen Umfeld ist laut Datenschutzgrundverordnung (DSGVO) verboten. Da Threema nach DSGVO hierfür jedoch zugelassen ist, findet es häufig Anwendung in Unternehmen zur Kommunikation zwischen Mitarbeiten[12].

Dadurch, dass WhatsApp schnell auf dem Mobiltelefon heruntergeladen und eingerichtet ist, kann es direkt genutzt werden. Durch mehrere Updates ist es seit längerem bereits möglich, mit WhatsApp neben normalen Nachrichten und Sprachnachrichten auch Telefon- oder Videoanrufe durchzuführen. Darüber hinaus kann durch WhatsApp-Web auch im Internetbrowser weiter kommuniziert werden, ohne dabei ständig das Handy in die Hand nehmen zu müssen. Effektives Kommunizieren mit mehreren Personen ist durch die Bildung von Gruppen möglich. Die Bedeutung von Skype zum Chatten hat deutlich nachgelassen, in Unternehmen wird Skype jedoch häufig für Videokonferenzen, insbesondere auch für internationale Konferenzen genutzt. Dies spart zum Beispiel Arbeitszeit sowie Reisekosten.

Zusammenfassend lässt sich sagen, dass Chats im Bereich der Effektivität und Flexibilität sehr gut punkten, der Sicherheitsaspekt jedoch sehr von dem eigentlichen

---

[10] Vgl.: https://www.schau-hin.info/sicherheit-risiken/kein-reines-chat-vergnuegen-die-risiken-bei-whatsapp

[11] Vgl.: https://www.merkur.de/multimedia/whatsapp-wieder-bedrohliche-sicherheitsluecke-nutzer-sollten-sofort-handeln-zr-13071489.html

[12] Vgl.: https://praxistipps.chip.de/threema-und-dsgvo-alle-infos-zur-sicherheit-des-messengers_107409

Messenger abhängig ist und bei dem meistgenutzten Messenger deutliche Defizite aufweist.

## 3.2. Suchmaschinen

Jeder kennt es, man möchte schnell an eine bestimmte Information kommen, welche im Internet steht. Doch die zunehmende Komplexität und Fülle an Informationen im Netz erleichtern das nicht. Um zügig an gewünschte Informationen zu kommen, bieten sich Suchmaschinen wie z.B. Google oder Bing an. Diese Suchmaschinen werden auch als direkte Suchseiten bezeichnet, wohingegen interne webseitenbezogene Suchfunktionen oft auf Homepages oder sonstigen Internetauftritten zu finden sind. Die Wichtigkeit von Suchmaschinen lässt sich ebenfalls anhand der Nutzung solcher widerspiegeln. Monatlich werden allein in Deutschland mehrere Milliarden Suchanfragen abgesendet[13]. Und auch im alltäglichen Sprachgebrauch hat sich das Wort etwas „googeln" eingebürgert. Nach der Eingabe eines Suchbegriffs wird dieser durch einen mathematischen Algorithmus mit über 200 Faktoren bearbeitet. Als Ziel werden in absteigender Reihenfolge die passendsten Ergebnisse angezeigt[14]. Es gibt verschiedene Möglichkeiten, durch die man eine eigene Webseite für Suchmaschinen optimieren kann.

Ähnlich wie bei nahezu allen Interaktionsmöglichkeiten im Internet gibt es auch bei den Suchmaschinen viele verschiedene Anbieter. Einer der Größten ist Google. Die Sicherheit des Nutzers kann hier gefährdet sein, da Google viele Daten sammelt. Durch das Sammeln von Informationen der Anfragen kann dadurch das Ranking bewusst beeinflusst oder auch manipuliert werden. Auch bei anderen Suchmaschinen können die Betreiber die Daten teilweise auswerten, weshalb Suchmaschinen eher als unsicher eingestuft werden müssen.

Aufgrund der Vielzahl an Informationen im Internet findet man oft nicht direkt die gewünschten Informationen, langes Suchen kann die Folge sein. Durch spezifische und genaue Suchbegriffe kann dem zwar entgegengewirkt werden, doch ist die Effektivität allgemein als nicht besonders gut zu werten.

---

[13] Vgl.: https://www.researchgate.net/publication/267994750_Evaluierung_von_Suchmaschinen

[14] Vgl.: https://t3n.de/magazin/volle-spektrum-optimierungsmassnahmen-richtig-nutzen-seo-223128/

Dadurch bedingt, dass die meisten Suchmaschinen vom Prinzip her ähnlich aufgebaut sind, gibt es auch nur eine geringe Flexibilität.

## 3.3. Social Media

Aus der Statistik unter Punkt 3 geht die steigende Wichtigkeit von Social Media hervor. 58% der Befragten gaben an, dass Social Media zu den meistgenutzten Internetaktivitäten gehört. Nachdem lange Zeit Social Media eher für den privaten Freizeitbereich genutzt wurde, nimmt die Verwendung im geschäftlichen Bereich immer mehr zu. Zu nennen ist hier Xing oder LinkedIn, bekannte Plattformen, wenn es darum geht, sich als Arbeitskraft zu vermarkten. Als Privatperson kann man seine Kenntnisse und Schwerpunkte darstellen. Die Unternehmen auf der anderen Seite können hier direkt nach geeigneten Mitarbeitern mit den gewünschten Qualifikationen suchen. Die nachfolgende Statistik zeigt die steigende Bedeutung der Nutzung von Social Media für Jobangebote aus dem Jahr 2019 in Deutschland.

# Which of the following social media platforms do you use to search for job offers?

Usage of social media platforms for job search in Germany 2019

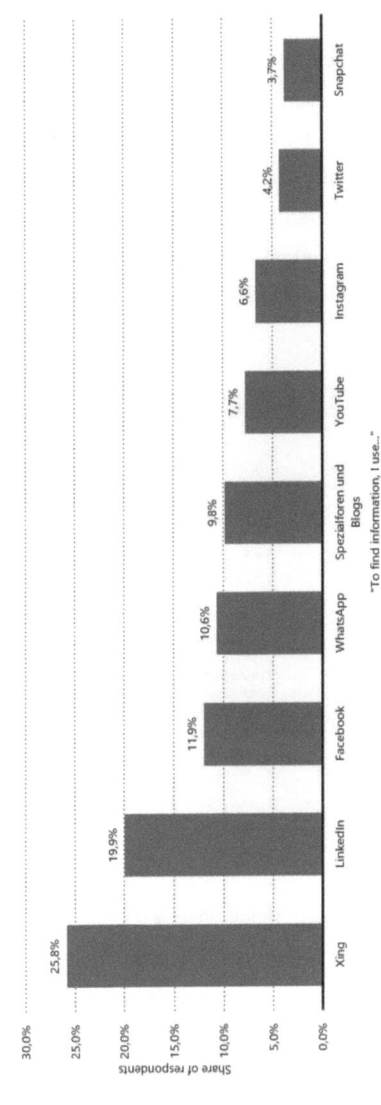

**Note:** Germany; 2019; 1,500 Respondents; job seekers interested in carriers
Further information regarding this statistic can be found on page 8.
**Source(s):** monster.de; ID 425866

statista

*Abbildung 5: Social Media Plattformen für Jobangebote[15]*

14

Auch für den privaten Bereich gibt es eine Vielzahl von Plattformen, wie zum Beispiel Facebook, Instagram oder Snapchat, um mit Freunden und Bekannten im Austausch zu bleiben oder auch bestimmte Inhalte zu bewerben. Sich selbst im Internet zu präsentieren kann mit vielen Vorteilen verbunden sein, allerdings hat dies nicht nur positive Effekte. Die folgende Abbildung zeigt einige positive wie aber auch negative Effekte aus den Social Media. Der Aspekt der Sicherheit soll hauptsächlich mit dem Fokus auf die Daten ausgelegt sein, bei Betrachtung der negativen Effekte von Social Media ist es jedoch unerlässlich den Sicherheitsblick etwas auszuweiten. Die Gefahr von Ausgrenzung, Cybermobbing und Depressionen bis hin zum Suizid von teils jungen Menschen stellt eine nicht zu unterschätzende Gefahr dar.

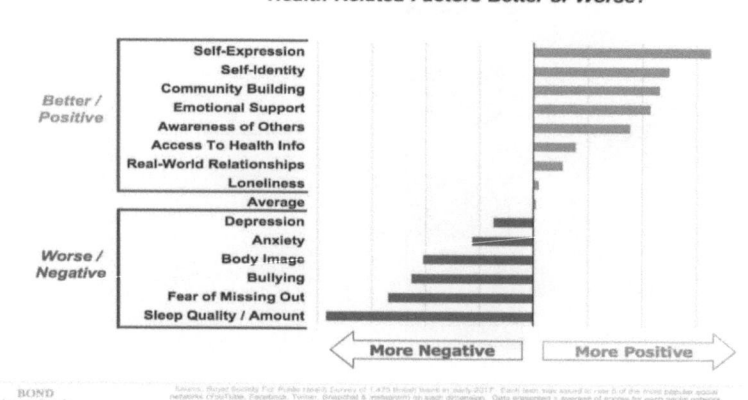

*Abbildung 6: Positive und negative Effekte von Social Media[16]*

Was jedem Nutzer von Social Media klar sein muss, ist die Tatsache, dass Dinge die einmal im Internet sind, nur sehr schwer bis gar nicht mehr aus dem Internet gelöscht werden können. Die Gefahr des Missbrauchs der persönlichen Daten ist sehr stark gegeben. Im Social Media Bereich kann jede Person für sich selbst entscheiden, welche Inhalte oder auch Stichworte, sogenannte Hashtags, sie sehen möchte und kann dadurch

---

[15] Vgl.: https://www-statista-com.qw.akad-d.de/statistics/429866/job-search-usage-of-social-media-platforms-germany/

[16] Vgl.: https://www.brandwatch.com/de/blog/interessante-social-media-zahlen-und-statistiken/

den Grad der Effektivität selbst frei gestalten. Auch die Flexibilität ist durch die vielfältigen Auswahlmöglichkeiten an Plattformen gegeben.

### 3.4. Kontaktformulare

Kontaktformulare haben bereits eine lange Tradition im Internet und werden dort vermutlich noch einige Zeit zu finden sein, da es zum einen für den Ersteller leicht zu programmieren ist und auf der anderen Seite für den Anwender leicht zu bedienen.

Die folgende Abbildung 7 macht ersichtlich, wie unkompliziert es für einen Nutzer ist, seine Angaben und sein Anliegen anzugeben. Oftmals sind dabei die Pflichtfelder mit einem Sternchen markiert oder bei fehlender notwendiger Angabe erscheint wie in der folgenden Abbildung ein roter Kommentar.

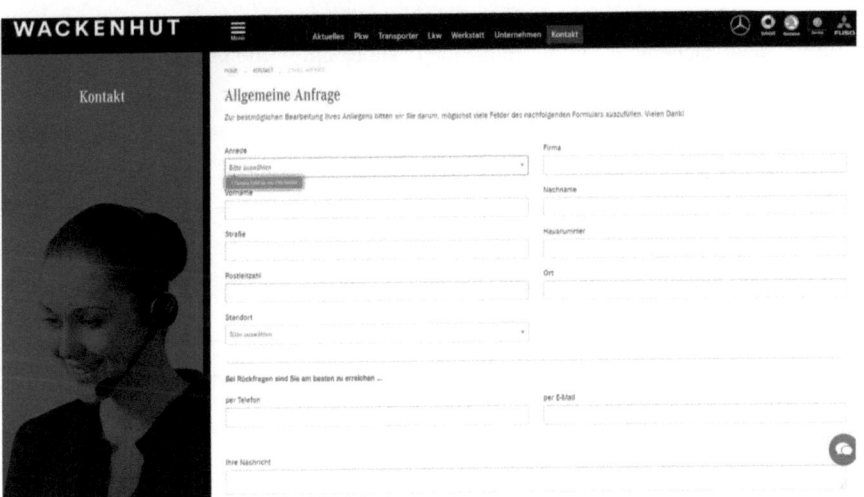

*Abbildung 7: Kontaktformular eines Autohauses[17]*

Durch ein Kontaktformular können Personen einer bestimmten Zielgruppe Fragen stellen, auf die sie z.B. auf der Homepage keine Information gefunden haben oder auch Fragen, die einer individuellen Lösung bedürfen. Nach Absenden des Formulars bekommen die Anwender meistens eine Bestätigungsmail mit den Daten aus dem Formular zugesandt. So kann man zu einem späteren Zeitpunkt nochmal nachschauen, was genau angefragt

---

[17] Vgl.: https://www.wackenhut.de/kontakt/allgemeine-anfrage.html

wurde. Erfahrene Programmierer überprüfen die Eingaben sofort auf unerlaubte Zeichen, sodass bei einer Telefonnummer zum Beispiel nicht fälschlicherweise eine E-Mail-Adresse eingegeben werden kann. Um automatisch ausgefüllte Formulare als Spam zu verhindern, wird vermehrt eine „kein Roboter Abfrage" genutzt. Hierbei muss man wie in folgender Abbildung einen Hacken setzten oder teilweise auch in einem Bild verschiedene Bereiche mit bestimmten Inhalten anklicken.

*Abbildung 8: Ich bin kein Roboter Abfrage[18]*

Sicher ist ein Kontaktformular dann, wenn es durch den Programmierer auch sicher programmiert wurde. Wichtig in diesem Hinblick ist auch, dass die Übertragung der Daten über eine sichere HTTPS Verbindung stattfindet. Unerlässlich ist dies, wenn personenbezogene Daten abgefragt werden. Da der Nutzer nicht lange nach einer Ansprechperson suchen muss und ggf. warten muss, bis er diese erreicht, sondern direkt seine Abfrage per Mausklick auf der aktuellen Seite absenden kann, ist die Effektivität als hoch anzusehen. Die Flexibilität dem hingegen ist etwas eingeschränkt, da alle Pflichtfelder ausgefüllt werden müssen und keine zusätzlichen Felder hinzugefügt werden können. Lediglich im Textfeld der Problembeschreibung oder der Anfrage können individuelle Angaben getätigt werden.

### 3.5. Chatbots

Eine Art Weiterentwicklung von Kontaktformularen sind Chatbots. Das Wort Chatbot setzt sich aus den zwei Wörtern „Chat" und „Roboter" zusammen[19]. Es handelt sich dabei um ein System, in welchem mittels Text- oder Sprachnachrichten Anfragen in Echtzeit bearbeitet und beantwortet werden können. Die Beantwortung einer Anfrage geschieht hier jedoch nicht durch eine menschliche Person, sondern automatisiert durch eine Art Roboter. Folgende Abbildung stellt die Interaktion zwischen einer Person und einem Chatbot dar.

---

[18] Vgl.: https://www.wackenhut.de/kontakt/allgemeine-anfrage.html

[19] Vgl.: https://www.bigdata-insider.de/was-ist-ein-chatbot-a-690591/

*Abbildung 9: Interaktion mit einem Chatbot[20]*

Die Entwicklung von Chatbots ist noch recht neu und findet erst seit der letzten zwei bis drei Jahre zunehmende Anwendung.

---

[20] Vgl.: https://chatbotslife.com/chatbots-the-importance-of-chatbots-in-every-business-bf178bc9cfef

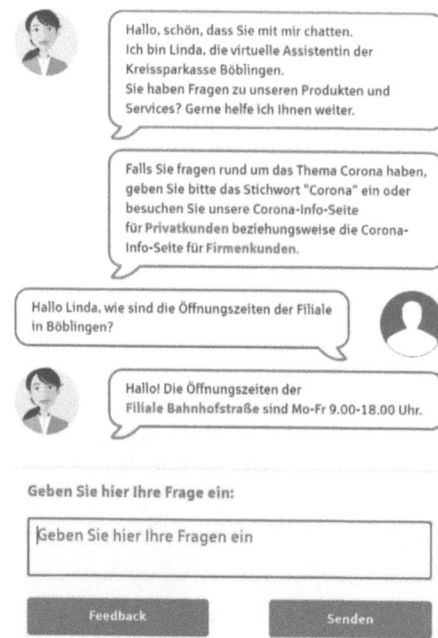

Fragen, welche sonst teilweise über ein Kontaktformular gestellt würden, können einem Chatbot direkt gestellt werden. Der Vorteil hierbei ist, dass die Antwort innerhalb weniger Sekunden gegeben wird und das zu jeder Tages- oder auch Nachtzeit. Da die Entwicklung von Chatbots noch recht neu ist, können dennoch Fehler auftreten, zum Beispiel bei Rechtschreibfehlern oder bei Wörtern mit verschiedenen Bedeutungen. Um die Weiterentwicklung solcher Chatbots zu unterstützen, gibt es häufig einen Feedback-Button oder am Ende des Chats wird nach einem Feedback gefragt.

*Abbildung 10: Beispielverlauf Chatbot[21]*

Die genaue Funktionsweise soll in dieser Ausarbeitung nicht erläutert werden. Wichtig zu wissen ist jedoch, dass Chatbots die große Stärke haben, aus Nutzerdaten beziehungsweise aus Nutzereingaben zu lernen. Dem gegenüber ist jedoch die Sicherheitsschwäche, dass Nutzerdaten und -eingaben gesammelt und ausgewertet werden[22]. Die Effektivität eines Chatbots kann sehr gut sein, muss es jedoch nicht. Dies ist sehr von der Fragestellung oder auch der Komplexität der Frage abhängig. Während einfache Fragen oft zufriedenstellend gelöst werden, können komplexe Fragen aufgrund der noch nicht ausgereiften künstlichen Intelligenz nicht oder nur unzufrieden beantwortet werden. Da es keine Vorgaben der Frage gibt ist eine hohe Flexibilität gewährleistet – solange der Chatbot mit der Frage umgehen kann.

---

[21] Vgl. Chatbot der Kreissparkasse Böblingen

[22] Vgl.: https://www.e-commerce-magazin.de/thema-chatbot-vorsicht-maschine-schreibt-mit/

# 4. Überblick

| | SICHERHEIT | FLEXIBILITÄT | EFFEKTIVITÄT | GESAMT |
|---|---|---|---|---|
| **CHATS** | Stark abhängig vom Messenger, eher unsicher durch unverschlüsselte Übertragung | Sehr flexibel, da verschiedene Anpassungen und Interaktions- möglichkeiten vorhanden sind | Effektive Interaktion möglich, viele Nutzer, die leicht erreicht werden | Hoher Grad an Effektivität und Flexibilität zu Lasten der Sicherheit |
| **SUCH-MASCHINEN** | Sicherheit stark betreiberabhängig, eher unsicher, da die Anfragen auswertbar sind und es somit auch zu einer Manipulation im Ranking kommen kann | Durch ähnlichen Aufbau der Suchmaschinen nur wenig flexibel | Durch die Vielzahl an Informationen im Internet und nur begrenzter Möglichkeit an relevanten Ergebnissen ineffektiv | Alle drei Kriterien schneiden nicht besonders gut ab, aufgrund der Menge an Informationen im Internet jedoch unerlässlich |
| **SOCIAL MEDIA** | Gefahr von Cyberkriminalität ist gegeben, Daten aus dem Social Media ganz zu löschen erscheint fast unmöglich | Durch viele verschiedene Plattformen mit vielfältigen Möglichkeiten hat der Nutzer einen hohen Grad an Flexibilität | Durch verschiedene Einstellungen ist der Grad der Effektivität durch jeden Nutzer frei wählbar | Flexibilität und Effektivität sind gegeben und können selbst beeinfluss werden, Sicherheitsaspekte müssen jedoch besonders beachtet werden |
| **KONTAKT-FORMULRE** | Ist eine verschlüsselte Datenübertragung vorhanden sicher, ansonsten unsicher | Kaum Anpassungen durch den Nutzer möglich, daher unflexibel | Absenden einer Frage ist einfach und ohne Zusatzprogramm möglich, dadurch hohe Effektivität | Sehr effektiv, bei entsprechender Programmierung sicher, jedoch wenig flexibel |

| CHATBOTS | Zur Weiterentwicklung werden viele Daten abgegriffen und gesammelt, daher unsicher | Hohe Flexibilität, da eine Art „Kommunikation" mit dem Roboter geführt werden kann | Bei einfachen Fragen sehr effektiv, je komplexer die Frage, desto ineffektiver | Hohes Maß an Flexibilität, bei einfachen Fragen sehr effektiv, durch die Weiterentwicklung werden jedoch viele Daten gesammelt und die Effektivität ist bei komplexen Fragen nicht immer gegeben |
|---|---|---|---|---|

*Tabelle 1: Überblick über verschiedene Interaktionsmedien*

## 5. Fazit

Die Nutzung des Internets ist in den letzten Jahren enorm angestiegen. In Deutschland nutzen 2018 bereits 92% der Bevölkerung das Internet. Allerdings muss bei dieser Zahl kritisch mitangegeben werden, dass die untersuchte Menge in dieser Studie zwischen 16 und 74 Jahre alt ist. Es lässt sich vermuten, dass insbesondere im höheren Alter die Nutzung des Internets zurückgeht und viele junge Kinder bereits das Internet nutzen. Ebenso hat die Vielfalt an Interaktionsmöglichkeiten stark zugenommen. In dieser Ausarbeitung wurde nur ein Ausschnitt an Interaktionsmöglichkeiten betrachtet. Es wurde versucht, mehrere ähnliche Interaktionsmöglichkeiten, wie zum Beispiel im Bereich Social Media zusammenzufassen. Insbesondere jüngeren Menschen ist klar, dass es gerade im Bereich Social Media eine Vielzahl an verschiedenen Interaktionsmöglichkeiten gibt. Aber nicht nur im Teenager-Alter finden Social Media Anwendung. Zunehmend nutzen auch ältere Personen Social Media, insbesondere auch solche wie LinkedIn oder Xing zur Suche von neuen Jobs. Während zu Beginn des Internets die Möglichkeit der Datenübertragung im Vordergrund stand, also hauptsächlich die Effektivität, rückt der Aspekt der Sicherheit immer mehr in den Vordergrund. So trat zum Beispiel auch vor wenigen Jahren erst die EU-Datenschutzgrundverordnung in Kraft, welche die personenbezogenen Daten jedes einzelnen schützen sollen. In der vorangegangenen Übersicht ist ersichtlich, dass kaum eine Interaktionsmöglichkeit alle drei Kriterien voll erfüllt. Jede Interaktion hat seinen Schwerpunkt zulasten anderer

Kriterien. Insbesondere die Suchmaschinen haben in dem Vergleich schlecht abgeschnitten. Wenn man sich jedoch vorstellt, man müsse ohne jegliche Hilfestellung wie in Form einer Suchmaschine Informationen im Internet suchen, wird einem schnell klar, dass das anhand der Fülle von Datenmengen schier unmöglich ist.

Wie weiter oben bereits erwähnt, konnten im Rahmen dieser Ausarbeitung nicht alle Interaktionsmöglichkeiten behandelt werden. So kommt es vor, dass bei zusammengefassten Interaktionsmöglichkeiten die Kriterien nicht immer gleich sein müssen. So gibt es zum Beispiel bei den Chats WhatsApp, welches als nicht sehr sicher einzustufen ist und daher auch im geschäftlichen Umfeld oft keine Zulassung hat. Dem gegenüber steht Threema beziehungsweise Threema Work, welches als Chatprogramm zwar mit Kosten verbunden ist, im Gegenzug jedoch aufgrund von höheren Sicherheitseinstellungen auch häufig im geschäftlichen Bereich Anwendung findet. Anhand von persönlicher Erfahrung ist ein „gesunder" Mix der drei Kriterien von Sicherheit, Effektivität und Flexibilität notwendig, da sonst die Menschen bei der Fülle an Interaktionsmöglichkeiten auf eine andere Möglichkeit wechseln. Um den Anforderungen gerecht zu werden, ist es in der Softwareentwicklung von entscheidender Bedeutung, neben Sicherheitstests auch genauso Usabilitytests durchzuführen. Im Überblick ist ersichtlich, dass trotz vieler Tests immer noch Schwachstellen auftreten.

## 6. Ausblick

In Zeiten wie dem Web 2.0 ist der Wandel der Digitalisierung so schnell wie nie zu vor. Innerhalb kürzester Zeit entstehen neue Interaktionsmöglichkeiten und auch ganz neue Technologien. Die Weiterentwicklung der künstlichen Intelligenz und damit verbundener Interaktionsmöglichkeiten wie zum Beispiel Chatbots läuft auch Hochtouren. Während heute noch viel über manuelle Texteingaben geschieht, wird in der Zukunft schon bald möglicherweise eine ganz normale Unterhaltung mit solch einem Chatbot möglich sein. Auch aktuelle Hindernisse wie Sprachbarrieren werden in Zukunft durch automatische Übersetzungsroboter im Internet möglicherweise nicht länger existieren.

Aufgrund der hohen Nutzerzahlen und des täglichen Nutzens von Social Media können solche Kanäle auch für die Kommunikation von offiziellen Kanälen genutzt werden, um schnell viele Menschen zu erreichen. Gerade in Krisenzeiten wie der aktuellen Corona-

Pandemie verbreiten sich die Informationen rasend schnell. Dies kann zum einen optimal zum Bevölkerungsschutz eingesetzt werden, hat aber auch die Gefahr der Verbreitung von Falschmeldungen.

Neben den vielen positiven Effekten kann die aktuelle Entwicklung auch einige Gefahren mit sich bringen, wie zum Beispiel weiterer Internetkriminalität bis hin zum Cyberwar. Bei der rasenden Geschwindigkeit an Neuerungen und Entwicklungen, insbesondere mit Hinblick auf das Thema künstliche Intelligenz, kann es einem beim längeren Nachdenken auch etwas mulmig werden.

# 7. Literaturverzeichnis

Studienmaterial SWE20 AKAD University

Deutsches Rotes Kreuz e.V. (2018)
Web 2.0 und Soziale Medien im Bevölkerungsschutz – Teil 1 und 2, Berlin

Doerfel, S.; Hotho, A.; Kartal-Aydemir, A.; Roßnagel, A.; Stumme, G. (2013)
Informationelle Selbstbestimmung im Web 2.0, Berlin

*Internet, Aufruf zuletzt am 28.04.2020:*

Bitkom.org
**50 Jahre Internet: Von 4 auf 4 Milliarden Nutzer**, URL:
https://www.bitkom.org/Presse/Presseinformation/50-Jahre-Internet-Von-4-auf-4-
Milliarden-Nutzer

Statista.com
**Internet usage in Germany**, URL:
https://www-statista-com.gw.akad-d.de/study/29084/internet-usage-in-germany-statista-
dossier/

Duden.de
**Sicherheit**, URL:
https://www.duden.de/rechtschreibung/Sicherheit

Duden.de
**Effektivitaet**, URL:
https://www.duden.de/rechtschreibung/Effektivitaet

Duden.de
**Interaktion**, URL:
https://www.duden.de/rechtschreibung/Interaktion

Statista.com
**Which messenger services do you use regularly?**, URL:
https://www-statista-com.gw.akad-d.de/forecasts/998694/messenger-usage-by-brand-
in-germany

Schau-hin.info
**WhatsApp: Nicht nur reines Chat-Vergnügen**, URL:
https://www.schau-hin.info/sicherheit-risiken/kein-reines-chat-vergnuegen-die-risiken-
bei-whatsapp

Merkur.de
**Wieder erhebliche Sicherheitslücke bei WhatsApp entdeckt**, URL:
https://www.merkur.de/multimedia/whatsapp-wieder-bedrohliche-sicherheitsluecke-
nutzer-sollten-sofort-handeln-zr-13071489.html

Praxistipp.chip.de
**Threema und DSGVO - alle Infos zur Sicherheit des Messengers**, URL:
https://praxistipps.chip.de/threema-und-dsgvo-alle-infos-zur-sicherheit-des-messengers_107409

Researchgate.net
**Evaluierung von Suchmaschinen**, URL:
https://www.researchgate.net/publication/267994750_Evaluierung_von_Suchmaschinen

T3n.de
**Suchmaschinenoptimierung**, URL:
https://t3n.de/magazin/volle-spektrum-optimierungsmassnahmen-richtig-nutzen-seo-223128/

Statista.com
**Which of the following social media platforms do you use to search for job offers?**, URL:
https://www-statista-com.gw.akad-d.de/statistics/429866/job-search-usage-of-social-media-platforms-germany/

Brandwatch.com
**126 interessante Social Media Zahlen und Statistiken**, URL:
https://www.brandwatch.com/de/blog/interessante-social-media-zahlen-und-statistiken/

Wackenhut.de
**Kontaktformular**, URL:
https://www.wackenhut.de/kontakt/allgemeine-anfrage.html

Bigdata-insider.de
**Was ist ein Chatbot?**, URL:
https://www.bigdata-insider.de/was-ist-ein-chatbot-a-690591/

Chatbotslife.com
**ChatBots : The Importance of Chatbots in Every Business**, URL:
https://chatbotslife.com/chatbots-the-importance-of-chatbots-in-every-business-bf178bc9cfef

E-commerce-magazin.de
**Thema Chatbot: Vorsicht! Maschine schreibt mit**, URL:
https://www.e-commerce-magazin.de/thema-chatbot-vorsicht-maschine-schreibt-mit/